mantel

ezel

sofa

paspop

AVI: 4

Leesmoeilijkheid: Woorden eindigend op -ig

Thema: Levend schilderij

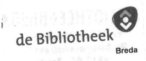
✈♪🌡✂e⏩ Zwijsen

Femke Dekker
Het raadsel van het schilderij

met tekeningen van Egbert Koopmans

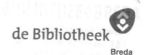

Bikkels

1. Lijntjes

Fleur loopt met Sanne naar huis.
Ze lopen langzaam, want het is warm.
Fleur loopt keurig op de tegels.
Ze mag niet op de lijntjes komen.
Sanne loopt wel op de lijntjes.
Ze ziet ze niet eens.
'Kijk uit waar je loopt,' zegt Fleur.
'Anders gebeurt er iets raars.'
Sanne haalt haar schouders op.
'Doe niet zo gek, joh,' zegt ze.
Speels geeft ze Fleur een duw.
Fleur wankelt en stapt op een lijntje.
Ze schrikt ervan.
'Joh,' zegt Sanne weer.
'Er gebeurt toch niks.'
'Kom je bij me spelen?' vraagt Fleur.
'Misschien mogen we in het badje.'
Sanne schudt haar hoofd.
Haar vader komt haar halen.
Het weekeind is ze bij hem.
'Jammer,' zegt Fleur.
'Ja,' zucht Sanne.
Ze zijn bijna bij de hoek.
Daar moet Sanne naar rechts en Fleur rechtdoor.

'Doeg dan,' zegt Sanne.
'Doeg dan,' zegt Fleur.
Fleur sjokt verder.
Ze denkt aan Sanne.
Sanne en haar vader.
Om het weekeind gaat ze naar hem toe.
In een andere stad.
Sanne vindt dat niet leuk.
Ze kent daar niemand.
Nou, Fleur zou het wel weten.
Als zij een vader had ...!
Ze zou er dan wel elke dag heen gaan.
Fleur heeft geen vader.
Hij ging weg toen ze twee was.
Ze weet niets van hem.
Haar moeder wil niet over hem praten.
Fleur treuzelt.
Ze wil niet naar huis.
Ze kan niet op haar kamer.
Haar moeder is daar bezig.
Fleur hoopt maar dat ze snel klaar is.

'Hoi Mar, ik ben thuis!' roept ze.
Mar is haar moeder.
Ze heet Marloes, maar Fleur zegt Mar.
Dat staat wel groot, vindt ze.

'Hoi!'

Mar komt de kamer binnen.

Ze zit onder de verf.

'Ik ben aan het verven,' zegt ze.

'Het is bijna klaar.'

Fleur springt op.

'Mag ik kijken?'

Ze is heel nieuwsgierig.

Ze krijgt een nieuwe kamer.

De muren worden geverfd.

Er komt een nieuwe vloer in.

Ze krijgt een ander gordijn en een nieuw bed.

Marloes doet alles zelf.

Ze is heel handig.

Mar denkt na.

'Als het echt klaar is,' zegt ze.

'Aaahh ...' smeekt Fleur.

Marloes schudt haar hoofd.

'Dan is het geen geheim meer,' zegt ze.

'Maar ik weet het toch al!' roept Fleur.

Dat is waar.

Ze mocht zelf de kleuren kiezen.

Roze en geel.

Toch mag ze het nog niet zien.

Ze gaat wel naar de zolder.

Daar slaapt ze nu.

Het is een rare zolder.
Fleur vindt het er niet prettig.
Het is een beetje eng.
De zolder is heel donker.
Er is maar één klein raampje.
Er staan ook vreemde spullen.
Een ledikant, van toen Fleur baby was.
Een paspop, met een lange mantel.
Een dressoir en een sofa.
En in een hoek ligt een stapel kleden.
Oude gordijnen en lakens.
Dat is nu haar kamer.
Fleur vindt er niets aan.

2. Schilderij

Fleur klimt naar de zolder.
Ze moet er op een smalle trap naartoe.
Door een luik in het plafond.
Dat heet een vlizotrap.
Het is een rottrap.
Hij is heel steil en Fleur vindt het eng.
Ze stapt mis en haar voet glijdt weg.
'Au!'
Ze stoot met haar knie tegen een tree.
De zolder is donker.
Het licht zit net om het hoekje.
Achter een balk.
Net voor ze boven is, hoort Fleur iets.
Een geluid.
Alsof iemand zich gauw verstopt.
Ze doet snel het licht aan.
Niets.
'Hallo?' zegt Fleur.
'Is daar iemand?'
Het is stil.
Misschien was het een vogel op het dak.
Die hoort ze wel vaker.
In een hoek ligt Fleurs matras.
Er liggen een paar knuffels.

En een stapel boeken.
Verder is hier niks van Fleur.
Er ligt alleen maar oude troep.
De zolder is heel rommelig.
Er staan dozen met boeken.
Kleren en schoenen die Marloes niet meer draagt.
Dozen met foto's.
En een doos met verf.
Tubes verf in heel veel kleuren.
Een ezel, een palet en kwasten.
Marloes was vroeger schilder.
Fleur was er toen nog niet.
Nu schildert Marloes al lang niet meer.
Ze heeft alle doeken verkocht.
Fleur gaat op de sofa liggen.
Die is heel stoffig.
Ineens ziet ze iets achter het dressoir.
Iets onder een laken.
Iets vierkants.
Een schilderij! denkt Fleur.
Maar alles is toch verkocht?
Wat zou Marloes gemaakt hebben?
Fleur kan het laken er zo af halen.
Het is heus niet geheim.
Toch durft ze het niet goed.
Misschien vindt Marloes het niet prettig.

Moet ze het eerst vragen?
Het laken beweegt een beetje.
Is er toch iemand?
'Hallo?' zegt Fleur.
'Wie is daar?'
Ze hoort niets.
Fleur zucht.
Ze pakt wel een boek.
Maar echt spannend is het niet.
Telkens kijkt ze naar het schilderij.
Steeds lijkt het of het laken beweegt.
Het boek is niet leuk meer.
Voorzichtig kruipt Fleur naar het schilderij.
Het is niet zo groot.
Ze pakt het op.
Op haar matras legt ze het neer.
Nog steeds onder het laken.
Zal ze het laken eraf halen?
Het beweegt niet meer.
Fleur steekt haar hand uit.
Met een ruk trekt ze het laken eraf.
Daar ligt het schilderij.
Ze kijkt er lang naar.
Eerst ziet ze alleen maar wit en grijs.
Dan ziet ze dat het bergen zijn.
Rotsen.

Wolken.

Vogels in de lucht.

Hoe langer Fleur kijkt, hoe meer ze ziet.

Misschien is het een zee.

Of iets anders.

Het is een beetje wazig.

Er ligt ook een bootje.

Waarom staat het schilderij op zolder? denkt Fleur.

Waarom hangt het niet aan de muur?

Is Marloes er niet trots op?

'Fleur!' roept Marloes naar boven.

Fleur schrikt.

'Fleur!' roept Marloes weer.

Ze staat onder aan de trap.

'Wat ben je aan het doen?'

'Niks!' roept Fleur gauw.

Als Marloes maar niet boven komt.

Snel pakt ze het laken.

Dan ziet ze nog iets.

Op het schilderij staat een man.

Je ziet hem bijna niet.

Hij lijkt net stipjes en veegjes.

Maar hij is er wel.

Snel zet Fleur het schilderij terug.

3. IJsjes

Marloes zit in de tuin.
Naast haar staat een groot glas cola.
'Hè hè,' zucht ze.
'Die muur is klaar.'
'Mag ik ook cola?' vraagt Fleur.
'Ik heb wel zin in een ijsje,' zegt Marloes.
'Het is zo warm.'
Fleur gaat ook zitten.
'Wil jij ijsjes halen?' vraagt Marloes.
Fleur springt meteen op.
Voor ijs wil ze wel naar de winkel.
'Het geld ligt in de la,' roept Marloes.
Fleur weet dat wel.
Ze moet wel vaker een boodschap doen.

Bij de winkel is het druk.
Iedereen wil ijs, met deze warmte.
Voor de deur zit een meneer.
Fleur heeft hem nog nooit gezien.
Hij heeft lang, sliertig haar.
En hij is heel dun.
Hij heeft een lange broek aan en een trui.
'Heb je het niet heet?' vraagt Fleur.
De man kijkt op.

Fleur schrikt.
Hij is het.
Maar dat kan toch niet?
Snel gaat Fleur de winkel in.
Daar praten de mensen over de meneer.
Ze zijn onaardig.
Ze zeggen dat hij vies is.
Ze zeggen dat hij daar niet mag zitten.
Een mevrouw zegt:
'Komen ze hier nu ook al?'
Een ander zegt:
'De buurt wordt met de dag slechter.'
Fleur vindt het niet aardig.
Wat doet die man voor kwaad?
Hij zit daar alleen maar!
Een meisje van de winkel gaat naar buiten.
Ze jaagt de man weg.
Ze zegt dat hij daar niet mag zitten.
Fleur vindt het gemeen.
Maar de man glimlacht alleen maar.
Hij staat op en gaat ergens anders zitten.
De mensen in de winkel knikken.
Ze zijn blij dat het meisje hem wegjaagt.
Dan is Fleur aan de beurt.
'Een hoorntje en een raket,' bestelt ze.
Ze krijgt geld terug.

Genoeg voor nog een ijsje.
Ze denkt er niet eens bij na.
'En nog een raket,' zegt ze.
'Voor die meneer.'
Het meisje aarzelt.
De mevrouw achter Fleur doet: 'Tsss.'
Een ander zegt: 'Wat een brutaal kind.'
Fleur legt geld neer.
Gelukkig geeft het meisje haar de raket.
Fleur kijkt de vrouwen aan.
'Hij heeft het ook warm,' zegt ze.
'Hij lust ook wel een ijsje.'
De man zit op het stoepje bij de vuilnis.
Fleur loopt naar hem toe.
Ze vindt het wel een beetje eng.
Ze weet zeker dat hij het is.
Maar dat kan toch niet?
Hoe komt hij hier?
Dan rent ze weg.
Heel hard.
Naar huis, met haar ijsjes.

In de straat ziet ze Sasja.
Sasja zit bij haar in de klas.
'Hoi Fleur!' roept Sasja.
Fleur stopt.

Sasja is met Streep, haar hond.
Hij kwispelt.
Hij springt tegen Fleur op.
'Hé Streep,' zegt Fleur.
Ze aait hem tussen zijn oren.
Sasja heeft nog een hond bij zich.
Die komt ook naar Fleur toe.
'Wie ben jij?' vraagt ze.
Ze aait hem ook.
'Ben jij het vriendje van Streep?'
'Nee, een vriendin,' zegt Sasja.
'Ze heet Jans.'
'O, ben jij Jans,' zegt Fleur.
'Wat een geinig hondje ben jij.'
Jans kwispelt.
Dan staat Fleur op.
Ze denkt aan de ijsjes.
'Wil je ook een ijsje?'
Sasja kijkt haar verbaasd aan.
'Hier,' zegt Fleur.
'Ik heb er een over.'
Dan gaat ze snel naar huis.
Voordat de ijsjes smelten.

Tegen Marloes zegt ze niks over de man.
Ze eten samen hun ijs.

Daarna gaat Fleur naar zolder.
Ze is bang, maar ze moet het weten.
Ze trekt het laken van het schilderij.
Daar is hij.
De man van bij de winkel.
Hij staat op het schilderij.
Dat kan toch niet?
Fleur kijkt nog eens goed.
Het is hem echt.

22

23

4. Zwerver

Fleur ligt wakker.
Ze denkt aan de meneer.
De meneer van het schilderij.
Hoe kan hij nou echt bestaan?
Wie is hij?
Fleur snapt er niets van.
Ze had hem nog nooit eerder gezien.
Ze vindt het wel grappig.
Als ze het schilderij nou niet gezien had?
Als ze het laken had laten zitten?
Was hij dan ook bij de winkel geweest?
Fleur denkt van niet.
Was Sanne er maar.
Dan konden ze er samen over praten.
Lekker geheim.
Maar Sanne is bij haar vader.
Dan denkt Fleur ergens aan.
De lijntjes.
Sanne had haar geduwd.
Daardoor stond ze op de lijntjes.
Zou het daarvan komen?
Het zou kunnen, denkt Fleur.
Ze doet het licht aan.
Ze kijkt naar het schilderij.

Het laken is eraf.
'Wie ben je?' fluistert ze.
'Waar kom je vandaan?
Waarom ben je hier?'
Ze zucht.
Een schilderij geeft geen antwoord.
'Ik heet Fleur,' zegt ze.
'Heeft Marloes jou gemaakt?'
Het lijkt net of de man beweegt.
Of hij haar hoort.
Maar dat kan toch niet?

Na het ontbijt gaat Fleur naar buiten.
Naar de winkels.
De man zit er nog steeds.
Fleur wil met hem praten.
Ze durft alleen niet zo goed.
Ze loopt hem voorbij.
'Dag Fleur,' zegt hij.
Hij kent haar naam.
Ze vindt het niet eens gek.
Ze gaat naast hem op het stoepje zitten.
Hij ziet er droevig uit.
'Waarom ben je hier?' vraagt ze.
Hij glimlacht.
Zijn ogen zijn heel donker.

'Omdat jij hier bent,' zegt hij.
'O,' zegt Fleur.
Verder weet ze niks.
Ze is in de war.
'Ken je me dan?' vraagt ze.
'Misschien,' zegt de man.
'Ken jij mij?'
Fleur schudt haar hoofd.
'Nee?' vraagt de man.
Fleur ziet iets voor zich.
Zee.
Bergen.
Een bootje.
'Waar kom je vandaan?' vraagt ze.
De man haalt zijn schouders op.
Fleur vindt hem maar raar.
Je weet toch wel waar je vandaan komt?
'Kom je uit het schilderij?' vraagt ze.
Hij kijkt haar wazig aan.
'Uit het schilderij?'
'Ja,' zegt Fleur.
'Bij ons op zolder.'
'Ik kom van ver,' zegt de meneer.
Fleur staat op.
Zo komt ze nooit ergens achter.
Maar dan weet ze het.

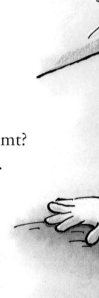

'Je bent zeker een zwerver,' zegt ze.
Daarom praten ze ook zo akelig over hem.

5. Vlekjes

Soms denkt Fleur aan haar vader.
Dan vraagt ze zich af waar hij is.
En wie hij is.
En waarom hij weg is.
Soms dagdroomt ze over hem.
Vroeger vroeg ze Marloes wel eens wie hij was.
Hoe hij eruitzag.
Of hij groot was of klein.
En of hij blond haar had of bruin.
Of hij was zoals Sannes vader.
Of zoals de buurman.
En of ze op hem lijkt.
Maar Marloes gaf nooit echt antwoord.
Meestal haalde ze haar schouders op.
Een beetje knorrig.
Of ze zei: 'Ach, je vader.
Vergeet hem maar.
Hij denkt ook niet aan jou.'
Soms denkt Fleur dat Marloes verdrietig is.
Maar dat durft ze dan niet te vragen.
En nu is er zomaar een meneer.
Een meneer van een schilderij die echt is.
Hij zit hier, naast Fleur.
Misschien is die meneer haar vader wel!

'Heb jij een kind?' vraagt ze.
De man schudt zijn hoofd.
'Nee hoor,' zegt hij.
'Ik ben lekker alleen.'
O, denkt Fleur.
Dan is hij niet haar vader.
Maar wie is hij dan?
Ze wil hem wel mee naar huis nemen.
Dan kan hij het schilderij zien.
Alleen vindt Marloes dat nooit goed.
Die is net als alle mensen.
Die snappen er niks van.
Die vinden hem vies.
Fleur mag niet eens met hem praten.

Maar ze doet het toch.
Hij is niet vies.
Hij is juist heel aardig.
Fleur zegt: 'Ik weet niet eens hoe je heet.
Ben je wel echt?'
'Net zo echt als jij,' zegt de man.
Fleur gelooft het niet.
'Hoe heet je dan?' vraagt ze.
'Wat doet dat ertoe?' vraagt de man.
'Het gaat erom wie ik ben.'
'Ja, maar wie bén je?' roept Fleur uit.
'Je bent niet echt.

Je bent een wazig vlekje op een schilderij.'
'En jij dan?' zegt de meneer.
'Ben jij geen vlekje op een schilderij?'
Fleur denkt na.
Misschien heeft hij gelijk.
Misschien is ze een vlekje op een schilderij.
Maar op welk schilderij?
En wie heeft haar dan geschilderd?
'Wil je jouw schilderij zien?' vraagt ze.
De meneer glimlacht.
Hij zegt niets.
'Ik kan het wel hierheen brengen,' zegt Fleur.
De meneer zegt nog steeds niks.
Fleur zou het wel willen hoor.
Als zij een vlekje op een schilderij was.
Dan zou ze dat best willen zien.
En ze zou met de schilder willen praten.
Ze weet wat ze hem zou vragen:
Dat hij er een vader bij doet.
Fleur springt op.
'Wil je het zien?' roept ze.
'Zal ik het halen?'
De meneer glimlacht alleen maar.
Net of hij niks van de wereld merkt.

6. Weg

Fleur rent naar huis.
Straks zal ze het weten.
Die meneer moet zijn schilderij zien.
Dan kunnen ze het raadsel oplossen.
De deur van Fleurs kamer is dicht.
Marloes is druk bezig.
Er klinkt geklop en gezaag en geboor.
Wat er toch gebeurt in die kamer ...
Fleur klimt naar de zolder.
Ze loopt meteen naar het schilderij.
Het is er niet.
Het is weg!
Alleen het laken ligt er nog.
Ze weet zeker dat het hier stond.
Heeft Marloes het soms?
Zo snel ze kan klimt ze naar beneden.
'Mam!' roept ze.
Ze is een beetje in paniek.
Zo'n schilderij kan toch niet zomaar weg zijn?
Net nu ze achter het geheim zou komen ...
'Mam!' roept ze weer.
Ze vergeet dat ze altijd Mar zegt.
'Wat is er?'
Marloes komt er gauw aan.

'Heb je je bezeerd?' vraagt ze bezorgd.

'Het schilderij,' zegt Fleur.

'Waar is het?'

Marloes kijkt verbaasd.

'Schilderij?' vraagt ze.

'Ja,' zegt Fleur.

'Op zolder.

Een schilderij van jou.

Het is weg.'

'Er staat geen schilderij op zolder,' zegt Marloes.

'Ik heb ze toch verkocht.'

'Maar eentje niet,' zegt Fleur.

Ze moet bijna huilen.

Waarom doet Marloes zo?

'Met die bergen en die zee.

En die man.'

'Maar Fleurtje,' zegt Marloes.

'Nee!' zegt Fleur kattig.

Ze haat het als Marloes 'maar Fleurtje' zegt.

'Jouw schilderij!' roept ze nijdig.

'Maar ik schilder toch niet meer,' zegt Mar.

'En ik heb nooit bergen geschilderd.'

'Wel,' zegt Fleur.

Marloes schudt haar hoofd.

Nee hoor.

Zij schilderde mensen.

Mensen in de stad.

Fleur schudt haar hoofd.

'Niet! Niet! Niet!' roept ze.

'Het was wit met grijs.

Vlekken.

En dat waren bergen.

En de zee.

Er stond een bootje op en er was een man.'

Marloes schudt haar hoofd.

'Je hebt het vast ergens anders gezien.'

'Nietes!' roept Fleur.

Ze rent naar buiten, naar de meneer.

Ze is in de war.

En boos.

En verdrietig.

Het schilderij was er echt.

Ze heeft het zich niet verbeeld.

Nu kan die man zijn schilderij nooit zien.

Nu wordt het raadsel nooit opgelost.

Bij de vuilnis is niemand.

Er is alleen maar vuil en stank.

De meneer is weg.

Net alsof hij er nooit geweest is.

'Meneer!' roept Fleur hard.

Ze vindt het maar raar.

Eerst is het schilderij weg.
En dan de meneer.
Alsof ze er nooit geweest zijn.
'Meneer!' gilt ze nog eens.
De mensen kijken haar vreemd aan.
Nou, ze doen maar.
Ze is heus niet gek.
Dat zijn ze zelf.
Ze schopt tegen een zak vuil.
Ze raakt iets scherps.
Haar teen begint te bloeden.
Fleur huilt.
Alles is weg.
Alles is mislukt.
Er is niks lolligs meer aan.
Ze hinkt naar huis.
Ze laat een spoor van bloed achter.

7. Vlinders

Marloes is bezorgd als ze Fleur ziet.
'Meisje,' zegt ze.
'Wat is er?'
Fleur wijst op haar voet.
Ze huilt heel hard.
'Nou nou,' zegt Marloes.
'Zo erg is het toch niet?'
Ze maakt Fleurs voet schoon.
Ze plakt een grote pleister op haar teen.
'En dan nu het goede nieuws,' zegt Marloes.
Ze trekt Fleur tegen zich aan.
In haar oor fluistert ze:
'Je kamer is klaar.'
'Echt?' vraagt Fleur blij.
Marloes knikt.
'Mag ik kijken?'
Fleur rent naar de deur.
'Ho ho!' zegt Marloes.
Ze gaat achter Fleur staan.
Dan doet ze haar handen voor Fleurs ogen.
Fleur mag nog niet kijken.
Dat mag pas in haar kamer.
En wat ze daar ziet ...
Ze wordt er heel blij van.

Het is heel kleurig.
Precies zoals ze het wou.
Roze en geel.
Marloes heeft het heel mooi gemaakt.
Op één muur staan vlinders.
Heel veel.
'Een schilderij,' zegt Fleur verrast.
Ze loopt er naartoe.
Vlinders en bloemen.
En heel veel kleuren.
Vlekjes.
Ze kijkt naar Marloes.
'Nou?' vraagt die.
Fleur bekijkt de vlekjes.
Zit er een gezicht bij?
Een meneer?
Of misschien zij zelf wel?
Maar ze ziet niks.
Het zijn alleen maar vlekjes.
'Het is prachtig!' roept ze uit.
Marloes lacht.
Fleur ook.
Ze is blij.
Geen rare dingen meer.
'Kom,' zegt Marloes.
'Gaan we buiten zitten.'

Fleur kijkt nog één keer naar de muur.

Dan ziet ze het.

Nu pas, van een afstand.

De vlinders en de bloemen zijn een mevrouw.

Ze heeft lang haar.

Ze lacht naar Fleur.

'Kom je?' vraagt Marloes.

Fleur loopt de kamer uit.

Is het toeval?

Zou deze mevrouw ook echt zijn?

Straks zit zij ook bij de winkel.

Fleur schudt haar hoofd.

Nee, dat kan niet.

Ze heeft gewoon te veel fantasie.

Dan zegt Marloes:

'Hé Fleur, ik heb zin in ijs.

Dat hebben we wel verdiend.

Wil jij ijsjes halen?'

Fleur kijkt haar moeder aan.

En dan ziet ze het.

Het lange haar, die lach.

Marloes heeft zichzelf geschilderd.

Ze weet het alleen niet.

Hihi, denkt Fleur.

Dat is grappig.

Marloes is ook een vlekje op een schilderij.

Naam: *Fleur*
Ik woon met: *Marloes*
Dit doe ik het liefst: *dieren tekenen*
Hier heb ik een hekel aan: *jongens*
Later word ik: *actrice*
In de klas zit ik naast: *Sasja*

Wil je meer lezen over Sasja en haar hond
(zie pagina 20), lees dan 'Een vriend voor Streep'.
Sasja gaat hierin op zoek naar een hond waar Streep
verliefd op kan worden.

Een vriend voor Streep

STICHTING NEDERLANDSE
KINDERJURY
2006

AVI 4

1e druk 2005

ISBN 90.276.6009.3
NUR 282

© 2005 Tekst: Femke Dekker
Illustraties: Egbert Koopmans
Vormgeving: Rob Galema
Uitgeverij Zwijsen B.V. Tilburg

Voor België:
Zwijsen-Infoboek, Meerhout
D/2005/1919/150